ENTRETIENS

PÉDAGOGIQUES

AVEC

LES INSTITUTEURS ET LES INSTITUTRICES

PAR

MARITAN

INSPECTEUR PRIMAIRE DE 1re CLASSE, OFFICIER DE L'INSTRUCTION PUBLIQUE

DEUXIÈME ÉDITION

PARIS

IMPRIMERIE E. CAPIOMONT ET V. RENAULT

6, RUE DES POITEVINS, 6

ENTRETIENS

PÉDAGOGIQUES

AVEC LES INSTITUTEURS ET LES INSTITUTRICES

ENTRETIENS
PÉDAGOGIQUES

AVEC

LES INSTITUTEURS ET LES INSTITUTRICES

PAR

MARITAN

INSPECTEUR PRIMAIRE DE 1re CLASSE, OFFICIER DE L'INSTRUCTION PUBLIQUE

—

DEUXIÈME ÉDITION

—

PARIS

IMPRIMERIE E. CAPIOMONT ET V. RENAULT
6, RUE DES POITEVINS, 6
—
1879

J'ai l'honneur de prier M. Dunan, Inspecteur.
d'Académie à Mende, de vouloir bien agréer l'hommage de ces Entretiens, dont il a bien voulu encourager et diriger la rédaction.

Je prie ensuite mes honorables collègues d'accorder leurs sympathies à ce petit travail, qui n'a été entrepris et poursuivi qu'en vue du bien du service et de l'efficacité de nos efforts communs.

MARITAN.

M. Maritan, inspecteur primaire de l'arrondissement de Marvéjols, a bien voulu, sur ma demande, rédiger les *Entretiens* qui font l'objet du présent ouvrage. C'est un utile et remarquable travail qui est le fruit d'une longue expérience et qui témoigne chez M. Maritan du zèle et du dévouement le plus louable, et surtout de la lumineuse intelligence qu'il apporte dans l'exercice de ses fonctions. Messieurs les Instituteurs et Mesdames les Institutrices de la Lozère trouveront dans ces Entretiens de très utiles conseils et d'excellentes instructions s'appliquant à la direction de leurs écoles et à tous leurs devoirs professionnels. Je ne puis que leur recommander avec instance de suivre de point en point et de mettre en pratique ces conseils et ces instructions. Que ce petit recueil d'Entretiens soit donc désormais leur guide et comme le code pédagogique de nos écoles primaires : il y aura tout profit et avantage pour les maîtres et les élèves, et progrès réel pour l'enseignement donné dans nos écoles[1].

L'Inspecteur d'Académie,

J. DUNAN.

[1]. Ces Entretiens ont aussi été honorés de l'approbation de M. Habert, Inspecteur d'Académie à Digne. Ils ont été présentés à la grande Exposition universelle de 1878, à Paris.

ENTRETIENS

PÉDAGOGIQUES

AVEC LES INSTITUTEURS ET LES INSTITUTRICES

PREMIER ENTRETIEN

Messieurs les Instituteurs,
Mesdames les Institutrices,

Je vais vous parler à cœur ouvert et j'ose espérer que vous accepterez mes paroles et mes conseils comme ceux d'un père de famille ou, si vous le préférez, comme ceux d'un frère aîné dans la carrière de l'enseignement et de l'éducation de la jeunesse.

Votre mission est pénible; je ne l'ignore pas puisque je l'ai remplie pendant douze ans à tous ses degrés; elle n'est pas toujours encouragée et appréciée par ceux qui devraient le faire, et surtout par ceux qui en profitent le plus. Mais soutenez-vous par la pensée de l'abondante moisson de mérites que votre noble tâche vous procure quand elle est accomplie avec zèle, dévouement, pureté d'intention. Si les hommes ne vous accordent pas la juste récompense de vos efforts, Dieu vous la prépare pour l'autre vie. Il ne saurait en être autrement pour les collaborateurs d'une œuvre qui tend à former de bons chrétiens et de bons citoyens. Nous en trouvons un gage dans ces encourageantes paroles des livres saints : *Ceux qui enseignent plusieurs de leurs frères dans de justes intentions brilleront comme des étoiles pendant l'éternité.* (Daniel, ch. XIII, v. 3).

Lorsque dans vos utiles fonctions vous rencontrerez des embarras, soumettez-les-moi sans déguisement. Exposez-moi votre situation tout entière; si elle est fâcheuse, n'hésitez pas à vous attribuer vos torts. Je n'abuserai pas de votre confiance qui trouvera souvent en retour un conseil salutaire.

J'avoue que mon titre me donne contre vous le rôle d'accusateur, mais il m'attribue aussi celui de conseiller et d'avocat. Je préfère, bien entendu, ces deux dernières qualités à la première que vous me mettrez rarement, j'en suis sûr, dans la pénible nécessité d'exercer.

Je vous prie de me tenir au courant de l'état de vos travaux et des fruits de votre zèle. Je vous prie de m'envoyer, en leur temps, vos écritures périodiques, de signer ces écritures et de contresigner la bande qui les renferme.

Quant au rôle, j'ai à vous faire remarquer qu'il doit toujours être signé du chef de l'école et du Maire; qu'il doit être fait avec soin, propreté, exactitude et équité; qu'il doit y avoir concordance entre le total des rétributions (1re page) et le total de la récapitulation par pages; que toutes les indications demandées doivent être données, telles que : numéro du trimestre, noms de la commune, de la section, de l'instituteur ou de l'institutrice; qu'il doit être expédié à la fin de chaque trimestre, fût-il même négatif; dans ce cas, il porte en tête ces mots : *Rôle négatif.*

Le Registre matricule doit aussi fournir toutes les indications demandées, surtout celles de la commune et de la section. Toutes les colonnes, tous les tableaux seront remplis avec soin et avec concordance; la statistique finale sera exacte. Il le faut bien, car les erreurs laissées au Matricule engendreraient, dans le long travail de situation générale de l'Inspecteur, des défauts de concordance difficiles à rétablir.

Je termine ce premier Entretien par les recommandations particulières qui suivent :

Un chef d'école doit se tenir en garde contre certaines fautes qui entraîneraient, pour le coupable, l'application d'une peine disciplinaire et même la révocation. Ces fautes sont :

L'admission à l'école, à titre gratuit, d'élèves qui n'ont pas été inscrits ou maintenus sur la liste de gratuité approuvée par M. le Préfet;

L'admission à titre de pensionnaire, chez l'Instituteur et chez l'Institutrice, d'élèves des deux sexes;

Les fausses déclarations concernant l'importance, la durée, la fréquentation et la population des cours d'adultes;

L'abandon du poste, sans permission préalable, soit

pour courir les foires et les marchés, soit pour dés motifs inadmissibles ou simulés;

La négligence à se rendre à son poste au temps voulu, et la tendance à le quitter avant l'époque fixée;

Enfin l'oubli des devoirs et de la dignité, soit à l'école, soit au dehors.

DEUXIÈME ENTRETIEN

Messieurs les Instituteurs,
Mesdames les Institutrices,

Je fais en ce moment la vérification de vos Registres-Matricules. C'est un travail, croyez-le bien, à la fois minutieux, long et peu agréable. Je dis peu agréable, parce je rencontre très fréquemment des omissions, des négligences ou des erreurs qui n'auraient pas dû se produire à la suite des recommandations que je vous ai faites.

Je me hâte de dire pourtant que, sauf de très rares exceptions, plusieurs Instituteurs et certaines Institutrices ont soigné leurs Matricules; dans leur travail, il y a de la propreté, de l'exactitude, de la concordance. Pourquoi les autres maîtres et maîtresses n'ont-ils pas pris ce soin? Et pourquoi les Institutrices de hameau, lorsqu'elles ont rencontré des embarras, ne se sont-elles pas adressées à l'Institutrice du chef-lieu ou à l'Instituteur le plus rapproché qui, certainement, seraient venus à leur aide? Je n'exagère pas mes doléances qui ne sont que trop fondées. J'ai, en effet, plusieurs Matricules qui mériteraient d'être rejetés; j'en ai, de plus, quelques-uns qui sont incomplets d'une façon ou d'autre.

1.

Le Matricule est le document essentiel de l'école; il doit être tenu à jour, avec beaucoup d'exactitude, dès le début de l'année. Ce registre et la liste de gratuité approuvée déterminent *seuls* la rédaction des rôles trimestriels. L'Instituteur et l'Institutrice doivent donc les prendre pour leur unique règle de conduite dans l'établissement de ces rôles, et repousser les coupables sollicitations qui tendent à leur faire violer leur devoir à cet égard et, par suite, à engager leur conscience, à nuire au Trésor public qui les paye, et à compromettre gravement leur position.

Lorsque des indigents ont été omis sur la liste de gratuité, les chefs d'école ne peuvent que prier MM. le Maire et le Curé de demander à l'autorité préfectorale un supplément de liste en faveur des enfants omis.

Lorsqu'il n'y a pas de liste de gratuité (soit parce que le Maire a négligé de la dresser, soit parce que la commune, qui a souscrit pour la gratuité absolue, espère l'obtenir, (sans cependant en avoir reçu l'assurance), tous les élèves sont *payants,* à titre de *payants ordinaires ou d'abonnés,* à l'exception des enfants du chef de l'école.

Les élèves abonnés doivent figurer au premier rôle qui suit leur entrée à l'école, et à ce rôle seulement. L'abonnement ne peut pas être fractionné, en dehors du cas de force majeure prévu par le conseil départemental. Si l'abonnement devait être fractionné, il perdrait sa raison d'être. Le taux annuel de l'abonnement est donc dû en entier, quel que soit le temps de l'année que l'abonné passe à l'école; de même que le mois est dû en entier par le payant ordinaire quelle que soit la date de l'entrée ou de la sortie.

La liste de gratuité accompagnera désormais l'envoi du Matricule à la fin de l'année, afin de permettre à l'Inspection un sérieux contrôle. Cette liste et le Matricule seront remis à l'Inspecteur primaire, au départ du maître pour un autre poste. Les rôles lui parviendront trimestriellement, alors même qu'ils seraient négatifs. Les Institutrices de hameau (écoles temporaires) adresseront leur dernier rôle avant la clôture annuelle de leurs classes et y joindront une note qui fera connaître, avec le jour de cette clôture, la résidence de l'Institutrice ou celle de sa famille. On ne peut que louer les maîtres qui remplissent, à l'endroit de l'avis de l'Inspecteur et de l'exécutoire du Sous-Préfet, tous les blancs qu'ils peuvent écrire pour simplifier le travail de ces fonctionnaires.

TROISIÈME ENTRETIEN

Messieurs les Instituteurs,
Mesdames les Institutrices,

Après vous avoir adressé certaines recommandations relatives, soit à la rédaction de vos écritures, soit aux devoirs particuliers que vous imposent vos fonctions en dehors des classes, je crois devoir continuer mon entretien avec vous.

Ne vous lassez pas de ces conférences que je vous adresse avec plaisir et qui n'ont d'autre but que de faciliter et de féconder vos efforts. Inspecteur des écoles signifie aussi Instituteur ambulant, ou, si vous voulez, fonctionnaire chargé de rechercher avec les maîtres les moyens, les procédés et les méthodes d'éducation et d'instruction les plus rapides et les plus efficaces.

Au nombre de ces moyens, je vois d'abord le matériel scolaire qui comprend la maison et le mobilier d'école.

MAISONS D'ÉCOLE

Nos maisons d'écoles, nous le savons tous, laissent beaucoup à désirer encore, malgré les améliorations que chaque année nous apporte, sur un point ou sur un autre de l'arrondissement. A cet égard vous ne pouvez que réitérer vos réclamations auprès de l'autorité locale à laquelle incombe l'initiative des améliorations. Souvent vos plaintes seront stériles, mais ne vous découragez pas pour cela et revenez à la charge, à l'exemple du bon prêtre, qui ne regrette ni les démarches, ni les fatigues, ni même les sacrifices pour attacher son nom à l'amélioration de son église. Vous obtiendrez toujours quelque chose, dût-on ne l'accorder que pour faire cesser votre louable importunité.

Pour que votre intervention soit efficace en cette matière, il importe que vous sachiez :

1° Qu'une bonne maison d'école doit être centrale, saine, d'un accès facile, bien aérée, éloignée du bruit et de tout ce qui pourrait exposer l'enfance à des impressions nuisibles. La salle de classe doit être construite sur cave, planchéiée, bien éclairée, accessible aux rayons du soleil et telle, surtout, que la disposition des fenêtres, garnies chacune d'un vasistas [1], permette de renouveler l'air facilement.

Le logement de l'instituteur et de sa famille doit se composer de trois pièces au moins, cuisine comprise. Il est désirable qu'il y ait, près de l'école, un jardin pour l'Instituteur et une cour pour les élèves.

L'étendue de la salle de classe doit être proportionnée à la population scolaire. Cette population se déter-

---

1. Le vasistas, si nécessaire au renouvellement de l'air, peut s'établir dans toute école. Il suffit de substituer à un des plus hauts carreaux des fenêtres un petit châssis mobile fixé par le bas au grand châssis au moyen de deux charnières. Deux pitons, dont l'un est fixé au haut du grand châssis et l'autre en haut du petit châssis, permettent d'ouvrir ce dernier, de haut en bas et à volonté, pour le passage de l'air, et de le maintenir ouvert au moyen d'une ficelle.

mine en prenant le nombre des enfants de cinq à treize ans de la circonscription de l'école. L'aire de la classe doit présenter, par élève, une surface de 1 mètre carré et une hauteur de 4 mètres. On tolère cependant une hauteur de 3ᵐ,30 pour les maisons qui ne sont pas construites à neuf.

Dans les écoles mixtes, la salle de classe doit, autant que possible, être divisée, par une cloison, en deux parties, l'une pour les garçons, l'autre pour les filles. L'estrade est placée de telle sorte que le maître ait tous ses élèves en face et puisse voir à volonté la cour et les latrines.

Autour de toute classe et à la hauteur de 1ᵐ,50 sont attachées des traverses en bois garnies de clous pour suspendre les tableaux de lecture, d'arithmétique, d'écriture, etc.

2° Que lorsqu'une commune demande le secours de l'État pour arriver à une meilleure installation de son école, elle doit adresser à M. le Préfet les pièces suivantes :

Plans et devis (2 expéditions) et extrait du plan cadastral faisant connaître la position de l'école relativement aux maisons environnantes;

Extrait de la délibération prise par le Conseil municipal pour arrêter ce devis et faisant connaître la somme votée pour contribuer à la dépense;

Budget de la commune;

Enfin, situation financière de la commune délivrée par le receveur municipal, qui est ordinairement le percepteur, et certifiée exacte.

MOBILIER D'ÉCOLE

Le mobilier de classe, qui est, chez plusieurs d'entre vous, incomplet, en mauvais état et quelquefois nul, doit faire l'objet de vos préoccupations. Il faut à tout prix se le procurer, sauf à voir vos peines s'augmenter pour n'obtenir que de minces résultats.

Dans une école de chef-lieu il doit y avoir:

1° *Un Christ* ou une image du Christ et une image de la sainte Vierge, si l'école est catholique.

2° *Des tables et des bancs.* — C'est la population scolaire qui détermine le nombre des tables. La table et son banc ne doivent former qu'un corps de menuiserie, c'est-à-dire sont liés ensemble par des traverses. Les tables et les bancs doivent être faits avec du bois sec et présenter trois hauteurs différentes pour les différentes tailles d'élèves.

La table sera légèrement inclinée et devra être large d'environ quarante centimètres pour ne contenir qu'un rang d'élèves.

Un élève pour être assis commodément doit occuper une largeur de 40 centimètres; les jeunes enfants peuvent être réduits à 35 centimètres. La planche étroite qui sert de plate-forme à la table doit être percée de trous pour y placer des encriers; un encrier ne doit jamais servir à plus de deux élèves. Aux extrémités de chaque table sont fixés les porte-tableaux, petites tiges de bois qui supportent les fils de fer auxquels les élèves suspendent les modèles d'écriture, de dictées ou dessins. Sous chaque table et dans le sens de la longueur est placée une planche pour former les casiers des élèves.

3° *Un tableau noir.* — Ce tableau, en bois blanc peint ou en noyer, a un mètre quarante centimètres de longueur, sur 0^m, 80 centimètres de hauteur. Il est attaché à la muraille au lieu le plus favorable et, autant que possible, devant les élèves. Au haut du tableau est fixé un mètre plat gradué en décimètres et centimètres.

. Les élèves doivent être fréquemment appelés au tableau pour les divers exercices ; ils doivent s'habituer à tenir la craie de la main droite et le chiffon de la main gauche. Le maître inscrit au tableau noir les modèles d'écriture, les devoirs de grammaire et de calcul, etc. Le tableau noir rend les leçons claires, fructueuses et rapides, aussi le maître zélé en fait-il un fréquent usage.

4° *Une estrade.* — L'estrade ou place du maître est élevée de deux marches et permet de dominer la classe ; on y trouve la table du maître et son pupitre fermant à clef. Sur l'estrade est déposé le signal ; c'est un manche de bois sur lequel est fixé une tapette aussi en bois au moyen d'une corde à boyau. On appuie le doigt sur l'extrémité de la tapette qui, en retombant, fait assez de bruit pour attirer l'attention des enfants. Cet objet dispense, dans bien des cas, le maître d'employer la parole et ménage sa poitrine. Il peut être remplacé par une sonnette.

5° *Un poêle en fonte.* — Le poêle, là où il est nécessaire, doit supporter un vase plein d'eau pour prévenir les maux de tête. Ce système de chauffage est préférable, à tous égards, aux chaufferettes individuelles. Il suffirait, pour l'alimenter, de quelques bûches de bois sec fournies alternativement par les élèves.

6° *Un boulier-compteur.* — C'est un objet semblable à celui qui sert au jeu de billard. Il est d'un grand secours pour apprendre le calcul mental aux commençants; il suffit, pour l'avoir sans frais, de percer une vingtaine de noix dans le sens du plus long diamètre et de les enfiler sur une baguette inflexible de bois ou de fil de fer.

7° *Une collection de tableaux de lecture.* — Lorsque le maître s'est procuré cette collection en feuilles, il les colle sur des planchettes ou sur des feuilles de fort carton, et les suspend aux murs de la salle pour en faire usage.

8° *Un tableau du système métrique.* — Si l'école n'est pas assez riche pour se procurer ce tableau, l'Instituteur ou l'Institutrice pourra le faire à la main, pour les différentes unités du système métrique.

9° *La table de multiplication.* — Il en est de même de la table de Pythagore ou de multiplication.

10° *Deux touches.* — Ces touches ou baguettes en bois, dont l'une a un mètre de longueur et l'autre un demi-mètre, servent à l'Instituteur ou au Moniteur pour fixer l'attention sur les cartes ou les tableaux. Les jeunes pousses des frênes, des osiers, des églantiers sauvages, des acacias, etc., fournissent de bonnes touches

11° *Un tableau d'honneur.* — Le tableau d'honneur est affiché dans l'école au-dessus de l'estrade du maître. Il contient les noms des meilleurs élèves qui y restent jusqu'à ce que le maître juge à propos de les rayer, à la suite d'une faute un peu grave.

12° *Le tableau des négligents.* — Ce tableau est suspendu au mur derrière la porte. Le maître y inscrit, avec réserve, les noms des mauvais élèves qui y restent jusqu'à ce que, par leur bonne conduite, ils méritent de s'en faire effacer.

13° *Un petit pupitre.* — Ce pupitre portatif que chaque maître peut faire sert à rapprocher des élèves l'exposition des tableaux, cartes, dessins, modèles, etc.

14° *Un registre d'appel.* — Ce registre est divisé, à chaque page, en 34 colonnes. Il sert à l'appel des élèves à chaque classe, et indique les absences par les signes conventionnels suivants :

Absence de la classe du matin   —
Absence de la classe du soir |
Absence de la classe du jour   +

Exemple :

MOIS DE JANVIER.

NOMS des élèves.	1	2	3	4	5	6	7	8	9	10	11	12	13	14	15	16	17	18	19	20	21	22	23	24	25	26	27	28	29	30	31	TOTAL des jours d'absence	Observations (*).
Niel (J.)													—			+								—			+					4 ½	2 pour maladie.

(*) Après la colonne des observations, le maître place deux autres colonnes, dont l'une est destinée à faire connaître la conduite de l'élève pendant le mois, et l'autre les places qu'il a obtenues dans les différentes compositions hebdomadaires.

Le registre d'appel est un puissant moyen de discipline, d'exactitude et d'émulation. Il est présenté aux visiteurs de l'école qui interpellent les élèves négligents ; ceux-ci sont tout étonnés qu'on puisse connaître leurs moindres absences d'autrefois. Ce registre est aussi présenté aux familles qui se plaignent du peu de progrès de leurs enfants et qui y voient les véritables causes du retard, dans les absences trop facilement autorisées ou tolérées.

15° *Une armoire bibliothèque.* — Cette armoire est destinée à renfermer : le registre de la bibliothèque, les matricules, les rôles, les listes de gratuité de l'école, le règlement scolaire, la circulaire ministérielle du 20 août 1857, la collection du *Bulletin de l'instruction publique* du département, l'inventaire des archives de l'école, la liasse des lettres administratives, le registre de correspondance, le registre d'appel et de notes, le registre des bons points, le registre de classe. Elle renferme ensuite avec un bon dictionnaire français et un atlas géographique, les différents livres de lecture et de classe qui pourront être concédés à l'école, ou qu'un maître zélé est toujours ingénieux à se procurer.

16° *Le plan d'études de la classe et le tableau horaire de la distribution du temps.* — Ce plan et ce tableau sont formés d'avance par le maître qui doit s'y conformer dans son enseignement.

17° *Les maximes.* — Les murs d'une salle d'école doivent parler au cœur et à l'esprit de l'élève, comme les murs d'une église parlent à la foi et à l'âme du chrétien.

Indépendamment des tableaux désignés plus haut, les murs de l'école offriront donc aux yeux de tous des préceptes religieux et des maximes morales, des tableaux représentant les scènes les plus touchantes de l'Ancien et du Nouveau-Testament, la Mappemonde, la carte du département, celle de la France et de l'Europe. Le plafond lui-même devra avoir son éloquence muette. Pourquoi n'y verrait-on pas une rose des vents, quelques-unes des constellations que nous apercevons à la voûte céleste, les disques du soleil et de la lune avec l'indication de leur distance de nous et de leur grandeur comparée à la terre etc. ?

QUATRIÈME ENTRETIEN

Chaque chef d'école peut choisir les maximes dont il juge convenable d'orner sa classe. Ces maximes doivent être écrites en grandes lettres sur des bandes étroites de papier blanc ou de couleur. Ceux qui ne savent pas tracer les grandes majuscules pourront découper les grandes lettres d'imprimés devenus inutiles et composeront tous les mots des maximes en fixant ces lettres sur les bandes avec de la colle à bouche. Ainsi préparées, les bandes sont collées vers le haut des murs de la salle.

Exemples :

Celui qui ne pense pas à Dieu oublie son père ;

Fais à autrui ce que tu voudrais qu'on te fît ;

La conduite, le travail et le savoir sont de puissants protecteurs;

Un bon livre est un maître que l'on quitte et que l'on reprend quand on veut, etc., etc.

Les petites écoles qui ne peuvent se procurer le mobilier indiqué ci-dessus doivent au moins se pourvoir de l'indispensable, c'est-à-dire des objets compris précédemment sous les numéros 1, 2, 3, 6, 7, 9, 10, 11, 12, 14, 16, 17.

Mais la nécessité et le désir de bien faire vous rendront ingénieux, Messieurs les Instituteurs et Mesdames les Institutrices ; ils vous feront trouver, même dans les plus pauvres localités, de petits moyens qui produiront de grands effets. En voici un exemple frappant que j'ai rencontré dans une de mes tournées de la Lozère et que j'ai signalé à l'administration :

L'Institutrice d'un petit hameau voyant sa maison d'école en mauvais état, sa salle de classe dépourvue de plancher et de mobilier, son habitation exposée aux vents et à la pluie, réclama auprès de l'autorité locale et des familles qui firent la sourde oreille. La maîtresse ne se laissa pas abattre. Se souvenant des recommandations du fabuliste *(Ne t'attends qu'à toi seul)*, elle résolut d'obtenir, quand même, les réparations nécessaires et le mobilier indispensable.

Sans différer elle appela le menuisier, lui désigna le travail et le fit mettre immédiatement à l'œuvre.

« Mais, ma Sœur, dit le menuisier, il faut des planches, des traverses et des clous pour faire le plancher, les tables et les bancs que vous désirez. — Je n'en ai point, répondit-elle, mais Dieu y pourvoira. Allez chercher votre aide et vos outils. »

Pendant ce temps, l'ardente Institutrice courut chez la voisine et lui dit : « J'ai les menuisiers sur les bras et je suis dépourvue de planches sèches ; veuillez m'en donner une pour qu'ils ne perdent pas leur temps. » Sa demande fut gracieusement accueillie, et, pendant que les ouvriers préparaient cette première planche, l'Institutrice, en quête chez toutes les mères de famille, leur faisait arriver de nouvelles planches, des traverses et des clous, si bien qu'à la fin de la semaine le plancher, les tables, les bancs, le tableau noir, tout fut prêt, à la grande satisfaction de tout le monde.

Comme l'Institutrice n'avait pour se nourrir elle-même que le lait de sa chèvre (car son modeste traitement de 260 francs était encore dans la caisse du percepteur), elle imagina une semblable ruse pour nourrir les menuisiers qu'elle conduisait le matin à la table d'un ménage, le soir à la table d'un autre.

La semaine suivante elle s'y prit de même pour le travail du maçon et pour sa nourriture.

Les transformations venaient de s'achever lorsque je suis arrivé pour les admirer et pour féliciter l'Institutrice. La façon du travail, discutée d'avance entre l'Institutrice et les ouvriers qui étaient pères de famille, avait été obtenue à prix réduit. Il restait à la payer. Je pense bien que les habitants du village, fiers d'avoir une si bonne Institutrice, fiers aussi de posséder désormais une si jolie maison d'école où leurs enfants se trouveront commodément, ne se feront pas prier pour se cotiser.

Cette louable conduite d'une de vos collègues trouvera, j'en suis sûr, des imitateurs et des imitatrices. Nous intéresserons certainement l'autorité locale et les familles à notre œuvre, si elles sont convaincues que nous nous y attachons nous-mêmes.

ARRANGEMENT DU MOBILIER

Quand vous aurez obtenu ou préparé un mobilier scolaire aussi convenable et aussi complet que possible, il vous reste, messieurs les Instituteurs et mesdames les

Institutrices, à le disposer dans votre salle avec ordre et intelligence.

Le Christ domine l'estrade et la classe.

Les tables sont placées en amphithéâtre parallèlement à l'estrade et de manière que tous les élèves vous regardent en face, et que les plus jeunes qui écrivent se trouvent les plus rapprochés de vous. Il y aura, entre chaque table, un espace suffisant pour permettre la circulation, car il faut que les élèves puissent se mouvoir sans déranger les voisins, et il est nécessaire que vous puissiez passer à volonté devant et derrière eux. Les bancs des petits enfants qui n'écrivent pas seront alignés le long des murs. Si ces murs sont humides, comme cela arrive trop souvent, le maître a la précaution de les faire garnir de planches contre lesquelles les petits enfants ont à s'adosser.

Le tableau noir doit être placé, autant que possible, à côté de l'estrade ou dans un des angles de la salle, de telle sorte qu'il soit facile de le voir de toutes les places, sans faux jour, et qu'il puisse être aisément abordé.

Le boulier-compteur et les tableaux de lecture des commençants se suspendent au mur près duquel ces derniers sont assis. Les enfants n'auront alors qu'à se lever et à faire une demi-révolution pour lire ou pour compter sous la direction du moniteur ou du maître.

Le poêle s'établit dans un des angles de la salle et s'adapte à une chaîne de tuyaux dont la longueur est déterminée par l'étendue de la pièce à chauffer. Le bois scié ou autre combustible est déposé dans une caisse.

Deux des grands élèves sont chargés du soin du poêle, à tour de rôle chaque semaine. Ces deux élèves doivent aussi balayer la classe, pendant la récréation, chaque jour de la semaine.

L'école est appropriée ; la salle est meublée ; le mobilier est arrangé. Chaque chose est à sa place et chaque place a sa chose. La salle se présente à nous comme le muet et actif auxiliaire de nos travaux : l'enfant s'y rend avec autant d'empressement que de plaisir ; ses yeux sont captivés, son cœur et son esprit le seront bientôt aussi.

L'enfant fait connaître à sa famille le sentiment de joie et d'admiration qu'il éprouve. Son père, sa mère, ses frères veulent voir ce qui a si fort excité l'enthousiasme de l'élève. Ils viennent, eux aussi, visiter notre sanctuaire et s'en retournent en disant : « Notre Insti-
« tuteur et notre Institutrice veulent à tout prix le bien
« de nos enfants; ils font tout ce qu'ils peuvent pour
« rendre attrayant et instructif le séjour de l'école;
« aidons-leur de toutes nos forces, puisque c'est pour
« le bien de nos enfants et par conséquent pour le
« nôtre. »

Dès lors la sympathie et le concours des familles sont assurés au maître. C'est un grand pas vers la confiance et vers la réussite.

Mettons-nous donc résolûment et méthodiquement à l'œuvre. Quelle est cette œuvre ? C'est une œuvre pénible mais agréable ; difficile mais féconde et méritoire. C'est la culture de deux champs fertiles, le cœur et l'esprit de l'enfant. C'est, en un mot, l'éducation et l'instruction du citoyen et du chrétien. Voilà votre noble tâche, Maîtres de l'enfance. A vous de la remplir avec efficacité.

L'instruction s'adresse à l'esprit; elle ouvre la porte à l'intelligence vierge et riche de l'enfant; elle la développe en lui envoyant, par degrés insensibles, rayon sur rayon, lumière sur lumière; elle lui montre la nature, la cause et le but des choses; elle l'éclaire sur l'origine et la destinée de l'homme; elle lui apprend d'où il vient, ce qu'il est et où il va; elle fixe l'élève sur ses devoirs envers son Créateur, envers ses semblables, envers lui-même; elle instruit l'homme de ses droits et lui communique les connaissances nécessaires pour les exercer.

L'éducation s'adresse au cœur; elle tend à le préparer à recevoir le bon grain des vertus chrétiennes; elle y dépose cette semence choisie et en favorise l'accroissement; elle éloigne les funestes impressions, les défauts, les vices, toutes plantes parasites qui s'opposeraient au développement des sentiments honnêtes, charitables, généreux; qui même les pervertiraient.

Vous le voyez, Messieurs les Instituteurs et Mesdames les Institutrices, ce n'est point sur la matière que vous êtes appelés à travailler, mais bien sur la partie la plus noble de l'être humain, sur l'esprit et sur l'âme. Il y a autant de différence entre vos fonctions et celles du plus habile ouvrier de la matière qu'il y en a entre l'âme et le corps. Pourriez-vous après cela douter de l'importance de votre mission, de la considération qui l'entoure, de la responsabilité qu'elle vous impose ?

———

Cependant nos élèves sont arrivés nombreux; ils se placent pêle-mêle; petits et grands, faibles et forts se confondent. Notre premier soin est de les classer *provisoirement;* je dis provisoirement, car le temps amènera certaines réformes qui ont échappé au premier coup-d'œil. Pour ce premier classement, un examen, qui durera un jour ou deux, devient nécessaire. Le classement s'arrêtera à 3 divisions au-dessous de 30 élèves, et. à 4 divisions au-dessous de 50. Les maîtres habiles établissent dans la classe le moins de divisions possible; ils n'ignorent pas que de grandes inégalités de savoir se trouvent encore dans chaque division, mais avec de la patience, du zèle et du tact ils les feront bientôt à peu près disparaître.

Les divisions formées, on les enseigne comme l'on ferait pour 3 ou 4 élèves de forces différentes. Chaque division reçoit la liste des livres uniformes qu'elle doit avoir : lecture, catéchisme, histoire sainte, grammaire française, arithmétique, géographie, histoire de France. — On désigne les moniteurs.

Ce sont des élèves de la première et de la deuxième divisions qui, à tour de rôle, viennent en aide au maître, chaque semaine, pour exercer les commençants à la lecture, aux tableaux, aux prières usuelles, aux éléments du catéchisme, aux exercices de calcul mental. On explique à la classe le plan d'études et le règlement horaire. On prépare le registre d'appel dont on fait comprendre le but à la classe entière. On fait lire le règlement académique de l'école. Enfin on inscrit au matricule tous les élèves sous leurs qualités de payants et de gratuits.

A chaque classe, pendant que le premier moniteur fait l'appel, et à la suite de la prière que les forts élèves doivent faire, à tour de rôle, et à livre ouvert, le maître procède à l'inspection de propreté.

MÉTHODES D'ENSEIGNEMENT.

C'est ici que se placent nos réflexions sur les méthodes. Il y a trois méthodes ou modes d'enseignement : La méthode individuelle, la méthode simultanée, la méthode mutuelle.

Le mode individuel où l'enseignement s'adresse à chaque enfant séparément ne peut s'appliquer aux écoles publiques; il en a été expressément banni par le règlement du 19 juillet 1833.

Le mode mutuel convient aux écoles de plus de cent élèves. Il exige un vaste local, un mobilier coûteux et au grand complet, des moniteurs nombreux et assidus, enfin un maître intelligent et ferme qui sache instruire à part ses moniteurs et entretenir continuellement leur émulation.

Le mode simultané s'applique aux écoles de moins de cent élèves. C'est la méthode que recommande l'art. 9 de notre règlement scolaire et la seule qui puisse être utilement employée dans nos écoles. Elle exige le mobilier que nous avons désigné. Elle consiste à grouper les élèves par divisions, et à donner les mêmes leçons et les mêmes devoirs aux élèves de chaque groupe. C'est donc d'après cette méthode que nous donnerons nos instructions.

CINQUIÈME ENTRETIEN

MATIÈRES OBLIGATOIRES D'ENSEIGNEMENT

D'après la loi du 15 mars 1850, ces matières sont :

L'Instruction morale et religieuse.
- Prière.
- Cathéchisme.
- Histoire sainte.

La Lecture. . . . .
- Français imprimé.
- Français manuscrit.
- Latin.

Les Éléments de la Langue française.

Les Éléments du calcul et du système métrique.

L'Histoire et la Géographie de France.

(Cette matière a été récemment ajoutée au programme.)

Les Instituteurs et les Institutrices doivent donc comprendre dans leurs plans d'études ces facultés obligatoires.

LECTURE

Dans l'ancienne épellation on nommait ainsi les lettres : a, bé, cé, dé, é, effe, gé, hache, i, ji, ka, elle, emme, enne, o, pé, cu, erre, esse, té, u, vé, icse, igrec, zède.

Quand les enfants connaissaient bien les lettres, on

les leur faisait assembler. Ici commençait pour les enfants un exercice de mémoire si compliqué qu'il fallait souvent plusieurs années pour arriver à la lecture courante.

En effet, les éléments qu'ils épelaient n'entraient pas dans le composé; ainsi, par exemple, *ra* s'épelait *erre a*-ra; *ma* s'épelait *emme a*-ma; *ya* s'épelait *ygrec a*-ya. Or, dans les sons articulés *ra*, *ma*, *ya*, où retrouvait-on les éléments *erre*, *emme*, *ygrec*?

On prononçait donc d'une manière les éléments et de l'autre le composé. Avec une pareille méthode que pouvait-on attendre? Aussi les résultats étaient-ils désespérants par leur longueur.

Dès qu'on était sorti des assemblages simples, tels que *ba*, *bé*, *bi*, etc., on renversait l'ordre des syllabes *ab*, *eb*, *ib*, *ob*, *ub*, etc.

Ensuite venaient les assemblages de trois lettres : *bab*, *beb*, *bib*, *bob*, *bub*.

Quand on avait passé bien des mois à épeler ces combinaisons ridicules, on arrivait à l'épellation dans les livres. Oh! alors jugez des tribulations d'un malheureux enfant condamné à lire : emme-a-i-enne *main*, té-é *te*, enne-a-enne-té *nant : maintenant*.

Puis se pressaient en foule les mille et une difficultés de notre langue, pêle-mêle, sans ordre, sans suite, sans liaison.

On arrivait ensuite à la syllabation; mais alors tout était à recommencer, car l'élève qui savait le mieux épeler était souvent celui qui syllabait le plus mal. En effet, de l'élément *lettre* on passait au composé *syllabe* et la transition était immense.

Enfin de la syllabation on passait à la lecture courante à laquelle l'élève n'était parvenu qu'après deux ou trois ans.

NOUVELLE ÉPELLATION

MM. de Port-Royal, dont le zèle pour l'enseignement était infatigable, tentèrent les premiers une réforme importante dans la méthode de lecture. Ils proposèrent de changer la dénomination des consonnes et de prononcer *be*, *ce*, *de*, *fe*, *gue*, *je*, *que*, *le*, *me*, etc.; au lieu de *bé*, *cé*, *dé*, *effe*, etc.

Ils considérèrent la syllabe comme formée d'un élément ou de deux éléments; d'un élément, si la syllabe ne contenant pas d'articulation modifiait le son, comme *en*, *eau*, *eux*; de deux éléments, si l'articulation modifiait le son, comme *beau*, *deux*.

Premier élément dans *beau*, *be*; dans *deux*, *de*; deuxième élément dans *beau*, *eau*; *deux*, *eux*.

Les consonnes, avons-nous dit, se prononcent de la manière suivante :

b, p, d, t, v, f, l, m, n, j, s, z, r, c, g, x.

be, pe, de, te, ve, fe, le, me, ne, je, se, ze, re, que, gue, cse.

Cette prononciation facilite beaucoup les progrès.

On peut remarquer que le *c* dur, c'est-à-dire placé devant *a*, *o*, *u*, a la même dénomination que le k et le q.

Lorsqu'on arrive aux mots difficiles, c'est alors que l'on apprécie tout l'avantage de la nouvelle épellation. Par exemple, les mots *champs*, *frein* qui, dans l'ancienne épellation, se séparaient ainsi : cé, hache, a, emme, pé, esse *champs;* elle, erre, é, i, emme-*frein;* se réduisent, par la nouvelle épellation, à deux éléments; *che am*-champs; *fre in*-frein. Or il est évident que les éléments, non-seulement font partie du composé, mais qu'ils aident à le former.

Lorsque l'élève sait bien distinguer les éléments de chaque syllabe, mais n'est pas assez ferme pour être mis à la lecture courante, il ne lui en faut pas moins décomposer la syllabe qu'il connaît le mieux. Ainsi, par exemple, il est impossible que l'élève, au bout d'un certain temps de lecture, n'ait pas reconnu les petits mots : moi, vous, par, car, dans, et. Eh bien ! quoiqu'il les connaisse, il n'est pas moins obligé de les décomposer dans leurs deux éléments, et de dire : pe ar-par; que ar-car; de an-dans. Nous le demandons, à quoi peut servir une semblable décomposition, puisqu'on connaît le composé et que c'est le composé seul qui est le but de la lecture?

MÉTHODE SANS ÉPELLATION

La méthode de nouvelle épellation reconnaît la syllabe comme l'élément des mots et cependant elle décompose cet élément; c'est sacrifier aux anciens préjugés, lorsqu'on est sur la route du vrai. C'est une transaction entre une méthode vicieuse et la véritable lecture rationnelle.

Si les syllabes sont les véritables éléments des mots, ne décomposez plus la syllabe, car on ne peut aller plus loin que l'élément.

C'est sur ce principe qu'est fondée la méthode de lecture *sans épellation*. Les auteurs rejettent toute décomposition comme n'étant propre qu'à fatiguer inutilement la mémoire des élèves.

Il est bien évident que si une syllabe embarrasse l'élève, l'Instituteur a le choix, ou de ramener au tableau qui contient cette syllabe, ou de faire trouver le son ou l'articulation.

La méthode sans épellation consiste donc dans une classification raisonnée de syllabes, de manière à ne présenter d'abord que des syllabes très simples, puis de plus compliquées, puis enfin des syllabes devenues difficiles, soit par le nombre des lettres qui ne se prononcent pas, soit enfin par les altérations que l'usage a fait subir à la prononciation de certaines lettres et même de certaines syllabes.

On étudie successivement dans cette méthode :

1° Les voyelles ou sons simples, a, e, é, è, i, o, u ;

2° Les voyelles ou sons simples pour l'oreille, et composés pour l'œil : eu, ou, oi, an, in, on, un ;

3° Les consonnes ou articulations qui se prononcent comme dans la méthode de la nouvelle Épellation : be, le, me, ne, pe, re, se, etc.

4° Viennent ensuite les combinaisons de voyelles suivies d'une articulation simple, comme ab, op, up, iv, og, etc. ; et les combinaisons d'articulations simples suivies d'une voyelle, telles que : ba, bé, bi, bo, bu, do, ta, etc.

Dès que les élèves sont arrivés à ces premiers assemblages, ils lisent des mots composés des syllabes qu'ils connaissent.

Après avoir enseigné les combinaisons simples, on passe à l'équivalence des sons et des articulations, et bientôt on arrive aux difficultés et à la lecture courante.

Cette méthode de lecture sans épellation nous paraît la plus rationnelle; elle est contraire aux procédés d'une routine invétérée, mais elle triomphera insensiblement des obstacles qu'on lui oppose.

LECTURE COURANTE.

On écoute avec un véritable plaisir la personne qui, lisant d'un ton de voix plein et assuré, indique, par sa manière d'accentuer les mots et les phrases, qu'elle comprend ce qu'elle lit et qu'elle en est impressionnée.

Pour arriver à ce degré de bonne lecture, il ne faut pas perdre de vue :

1° Qu'on doit reproduire les liaisons ordinaires de la conversation ;

2° Qu'on doit éviter un ton de récitation monotone, sans expression et sans sentiment, et observer les poses indiquées par le sens et par la ponctuation ;

3° Que la manière de s'exprimer doit être conforme à celle dont on s'exprime dans la conversation ordinaire;

4° Que la lecture doit agir en même temps sur l'esprit et sur le cœur de l'auditeur ;

5° Que le lecteur ne lit pas à haute voix pour lui seul, mais surtout pour les autres, et que, s'il se conforme à certaines règles de déclamation, c'est afin que ses auditeurs le comprennent mieux.

6° Qu'il faut accentuer plus fortement, dans chaque phrase, l'idée sur laquelle on veut attirer particulièrement l'attention ;

7° Qu'on doit s'attacher à faire disparaître l'accent local ;

8° Qu'il faut lire clairement, assez haut et sans précipitation ;

9° Enfin que le lecteur doit sentir ce qu'il lit. Une condition indispensable pour que l'enfant comprenne ce qu'il lit, c'est que le sujet de lecture soit à sa portée, c'est-à-dire que le style en soit simple et plein d'intérêt. Il faut ensuite que, par des questions familières et faites à propos, l'Instituteur et l'Institutrice s'assurent que le sens du mot, comme celui de la phrase, a été saisi. Que le maître provoque donc la sensibilité de l'élève en ajoutant au récit des images propres à faire impression. Ses paroles, comme les couleurs d'une palette, reproduiront aux yeux de l'enfant le tableau de la lecture. Ce tableau sera riant ou triste, selon le sujet choisi, et le jeune lecteur le rapprochera de celui de la lecture.

Le chef d'école qui veut donner à ses élèves un bon ton de lecture ne se contentera pas de les écouter et de les reprendre.

Il lira lui-même, soit au commencement, soit au milieu, soit à la fin de l'exercice, une partie de la leçon se souvenant qu'en tout l'exemple du maître est plus efficace que les préceptes.

Lorsque nos élèves liront bien couramment et comprendront ce qu'ils lisent, nous varierons les sujets de lecture ; nous en résumerons les traits moraux et instructifs. Le nouveau Testament, la morale de Barrau, un traité d'agriculture, un traité de la politesse française, les fables de la Fontaine, présentent de beaux sujets de lecture.

LECTURE DU LATIN.

La lecture du latin est indispensable à nos élèves, surtout lorsqu'ils appartiennent au culte catholique romain. Ils ont besoin de lire le latin pour suivre les offices de la grand'messe et pour chanter aux vêpres.

La lecture du latin doit toujours suivre celle du français et ne jamais la précéder, comme cela se pratiquait à tort autrefois.

Dans la lecture du latin, l'*e* se prononce toujours *é* ; *um* se prononce comme s'il y avait *ome* ; *us* se prononce *usse*.

Exemple : *Deus in adjutorium meum intende ;* prononcez : *Déusse in adjutoriome méome intendé.*

La lettre *h* n'est jamais aspirée.

Les finales se prononcent. Ex. : *pater, frater, sanctus, amavit,* etc. ; prononcez comme s'il y avait : *patère, fratère, sanctusse, amavite.*

En et *ens*, à le fin des mots, ont la valeur de *ène, insse : nomen, agmen, prudens, sapiens ;* prononcez : *nomène, agmène,* prudinsse, sapiinse.

Ch se prononce comme *k ; archangelus*, dites : *arkangélusse.*

Gn est toujours dur ; *agnoscéré*, dites : ague-nosse-céré.

Qu se prononce devant les voyelles, *coua, cué, cui, cuo ; aqua*, prononcez : *acoua ;* quilibet, *cuilibétte.*

SIXIÈME ENTRETIEN

INSTRUCTION RELIGIEUSE

L'instruction religieuse consiste dans l'étude des prières latines et françaises usuelles, dans celle du catéchisme diocésain (dont les explications dogmatiques sont réservées au pasteur de la paroisse), dans celle de l'abrégé de l'Histoire sainte (ancien et nouveau Testament), dans celle des Évangiles du dimanche.

Les Instituteurs et les institutrices ne devront rien négliger pour le succès de cette partie de leur travail qui figure en première ligne dans le programme obligatoire.

S'ils peuvent se procurer l'Histoire sainte en tableaux publiée par l'Imprimerie Générale, rue de Fleurus, n° 9, à Paris, ils faciliteront et féconderont considérablement leur tâche.

ÉCRITURE

Pour bien écrire il faut que le corps soit convenablement placé. Une position forcée gêne l'estomac et empêche le jeu naturel des poumons ; une fausse position répétée tous les jours peut vicieusement courber l'épine dorsale des enfants.

Il est donc bien important de donner au corps une bonne position qui d'ailleurs contribuera à la belle exécution de l'écriture.

Le corps doit être d'aplomb, tourné un peu obliquement de manière que le côté gauche soit éloigné de la table de deux centimètres et le droit de cinq; que la jambe gauche soit plus avancée sous la table et que la droite soit d'aplomb.

La main gauche tient le papier à la distance nécessaire sur la table et l'avance à mesure que les lignes sont terminées. Pour être commodément, l'avant-bras gauche doit être oblique : s'il était parallèle au bord de la table il avancerait trop et fatiguerait l'épaule.

La main droite et le bras droit devant avoir toute la facilité des mouvements, le poids du corps doit être rejeté sur la partie gauche, c'est ce qui explique pourquoi la jambe gauche doit être plus avancée sous la table.

L'élève en écrivant penchera la tête en avant de six centimètres, sans l'incliner vers les épaules. Si la tête inclinait sur l'épaule gauche, le point de vue ne serait plus naturel, et l'écriture serait trop penchée, si la tête inclinait sur l'épaule droite, cette position étant contraire à la direction et à la pente de l'écriture empêcherait l'exécution facile de la main. Si la tête était tenue trop en arrière la vue se fatiguerait.

Cependant on ne peut prescrire aucune position absolue de la tête à cause de la différence des vues. Les vues myopes forcent à se rapprocher du cahier; les vues presbytes éloignent la tête du papier.

L'avant-bras droit avance sur la table de deux fois la

distance du poignet à l'extrémité des doigts. Si l'avant-bras droit était plus avancé sur la table, il perdrait toute la liberté de ses mouvements et entraînerait bientôt l'engourdissement des mains et des doigts; au contraire, s'il ne posait que sur le poignet, la main n'aurait plus son aplomb nécessaire.

Il faut que le bras droit soit à cinq centimètres du corps. Mais si l'élève écrit droit et sans pente, obligeons-le à rapprocher le bras droit du corps; la pente viendra d'elle-même. Si au contraire, l'élève écrit dans une pente trop forte, exigeons un écartement plus grand que cinq centimètres et la pente diminuera. Plus tard, quand la pente aura pris une bonne direction, on forcera l'élève à conserver l'écartement de cinq centimètres qui est la meilleure distance.

Chacun des doigts prend part à l'action de la main en écrivant. La plume est soutenue entre les trois premiers doigts (et non entre les deux premiers comme on le remarque souvent). Si l'enfant a l'habitude de serrer trop la plume, il faut la lui faire perdre, car ses doigts se contracteraient et se fatigueraient bientôt. On s'en assure en touchant légèrement la plume de l'enfant pendant qu'il écrit; si la plume échappe des doigts elle est convenablement tenue; si, au contraire, elle résiste, on est sûr qu'elle est trop serrée.

L'annulaire et l'auriculaire doivent être pliés sous la paume de la main de manière que le poignet appuie entièrement sur la dernière phalange de l'annulaire et sur l'ongle du petit doigt.

Le bord cubital de la main ne doit jamais poser sur la table quand on écrit. On doit toujours pouvoir passer un doigt entre le bord cubital de la main et la table, sans cela la main perd la liberté de ses mouvements et se fatigue.

Le pouce, l'index, le doigt du milieu doivent être légèrement arrondis en arc de cercle, sans former d'angle à la deuxième jointure. Si l'élève allonge les doigts le plus qu'il peut les lettres sont raides, sans grâce et sans moelleux. S'il les recourbe trop, l'écriture manque de hardiesse et devient maigre.

L'instituteur et l'institutrice doivent apporter une grande attention à la position du corps et à la tenue de la plume, s'ils veulent ne pas gêner le jeu des organes de l'enfant, et donner de bonnes leçons d'écriture.

On appelle *effets de la plume* le plein et le délié. *Le plein* est la ligne tracée par toute la largeur du bec, soit en descendant, soit en montant. On distingue deux espèces de *pleins*, le *plein naturel*, tracé de haut en bas et le *plein de revers*, tracé de bas en haut.

Le *délié*, est le trait que produit la plume par le carne ou par la pointe du bec dans son mouvement de bas en haut ou de haut en bas. Le délié doit toujours être fin, pur et suffisamment marqué.

Avant d'écrire on fait faire aux élèves des exercices préparatoires qui ont pour but de délier les doigts, d'assouplir les muscles et donner aux mouvements de la hardiesse et du moelleux.

D'abord on fait tracer des lignes obliques de droite à gauche; ces effets n'ont aucune difficulté puisqu'ils dépendent uniquement du plein direct de la plume. Ensuite on ajoute à ces obliques un délié inférieur, ce qui en fait un *i;* puis un délié supérieur, ce qui en fait la dernière partie d'un *n.*

Les exercices de la spirale commencent par un grand O qui va en diminuant jusqu'au centre; ils sont très utiles pour exercer le mouvement circulaire des doigts et du poignet.

Dans les cinq genres d'écritures dont nous parlerons bientôt, on distingue le *gros,* le *moyen,* le *fin* et l'*expédiée.*

Le *gros* habitue les élèves à former les lettres dans des proportions régulières.

Le *moyen* sert de passage pour arriver au fin. Le moyen doit être le principal exercice des élèves dont la la main n'est pas suffisamment exercée.

Le *fin* est une écriture de dimension plus ou moins petite; c'est la seule qui, avec l'expédiée, s'applique aux usages ordinaires de la vie.

L'*expédiée,* ou écriture usuelle, est véritablement la plus utile; elle se trace rapidement, et non à main posée comme le gros, le moyen et le fin.

Nous avons cinq genres particuliers d'écriture, savoir : la *bâtarde,* la *coulée,* la *ronde,* la *gothique,* et l'*anglaise* ou *cursive.*

La *bâtarde* est une écriture très lisible, d'une belle forme, et qui surtout est très utile pour les commençants, parce qu'elle donne à la main de la fermeté et de la précision.

La *coulée* est une écriture dans laquelle toutes les

lettres se trouvent liées entre elles par des déliés intermédiaires et continus. Elle n'admet pas d'ornements affectés. Cette écriture a été longtemps employée. On lui reproche de n'être pas assez lisible, à cause de ses liaisons répétées, qui occasionnent de fréquentes équivoques.

La *ronde*, la plus ancienne de toutes les écritures françaises, est droite au lieu d'être penchée ; en l'écrivant, le coude doit s'écarter davantage du corps. Elle a le mérite d'être très lisible. Elle sert pour des titres de tableaux, de registres et de livres de commerce.

La *gothique* est une écriture qui a été mise à la mode depuis quelques années ; elle ressemble un peu à la ronde pour la perpendicularité des pleins, mais elle en diffère essentiellement par les lignes brisées qui composent les lettres. Les majuscules de la gothique appartiennent plus au dessin qu'à l'écriture.

L'*anglaise* ou *cursive* est adoptée aujourd'hui en France. Elle se distingue par l'élégance des formes, par la beauté des pleins et des déliés, et par la facilité avec laquelle on la lit. Cette écriture, qui n'est soumise qu'à un petit nombre de règles, est d'une étude facile ; elle n'oblige point celui qui écrit à tourner la plume pour former les déliés.

L'écriture a une hauteur et une largeur proportionnées à la grosseur du bec de la plume et qui varient selon les genres d'écriture.

Pour la *bâtarde* et la *coulée*, la hauteur des lettres est de 7 becs de plume, c'est-à-dire que si l'on élève une perpendiculaire qui indique la hauteur des lettres, il faudra porter sur cette perpendiculaire, sept fois de suite, la largeur du bec de la plume.

La *ronde* a ordinairement 5 becs de hauteur et autant de largeur. ·

La *bâtarde* et la *coulée* ont 5 becs de plume de largeur. La pente de ces deux genres d'écriture est de 3 becs.

Pour trouver la pente de l'écriture *anglaise*, construisez un carré de la hauteur que vous voulez donner à l'écriture; divisez-le en deux rectangles égaux; la pente sera indiquée par la diagonale de la moitié du carré.

La distance entre les lettres s'appelle *proportion*. Dans toutes les espèces d'écriture, la distance des lettres est de 3 becs de plume de jambage à jambage, et de 2 becs 1/2 de jambage à rondeur.

La distance des mots s'appelle *intervalle;* elle est de 2 corps de largeur, soit 10 becs de plume.

La distance des lignes se nomme *interligne;* elle est de 3 hauteurs du corps d'écriture, soit 21 becs, à main posée. Dans l'*expédiée*, l'interligne est de 4 corps de hauteur ou de 28 becs de plume.

On reconnaît dans l'écriture deux sortes de lettres : les *lettres intérieures* et les *lettres extérieures*.

On appelle *lettres intérieures* celles qui ne dépassent pas 7 becs de hauteur dans le corps moyen de l'écriture.

On appelle *lettres extérieures* celles qui excèdent le corps moyen de l'écriture; on les divise en trois classes:

La première classe comprend les lettres qui excèdent

le corps moyen de l'écriture par le haut seulement; ce sont :

La seconde classe comprend les lettres qui dépassent le corps moyen de l'écriture par le bas seulement; ce sont :

La troisième classe comprend les lettres qui dépassent le corps moyen de l'écriture par le bas et par le haut tout ensemble; ce sont :

Les lettres de la première classe excèdent le corps moyen de 8 becs. Celles de la seconde dépassent au-dessous de 10 becs de plume; lorsqu'elles sont bouclées par le bas, on ne leur donne que 5 becs, et si elles se terminent par un bouton, on leur donne 7 becs 1/2.

Les lettres de la troisième classe suivent les principes de la première classe pour l'élévation supérieure, et ceux de la seconde classe pour le prolongement inférieur.

Les majuscules à main posée sont trois fois plus hautes et trois fois plus larges que celles du corps d'écriture.

Les majuscules jetées s'exécutent à main levée et sont d'une dimension arbitraire. On leur donne ordinairement trois fois la hauteur et trois fois la largeur des majuscules ordinaires.

3.

Le papier est bon s'il est bien collé, pas trop raboteux ni trop lisse, et anciennement fabriqué.

L'encre doit être nouvelle, coulante et suffisamment chargée, pour être ni trop épaisse ni trop liquide. Dans le premier cas, elle ne coule pas; dans le second, elle fait des taches ou pâtés.

On se sert généralement aujourd'hui de plumes métalliques, que chacun choisit selon les dispositions de la main. La plume doit être bien fendue, flexible, taillée sans bavure; le bec ne doit être ni trop pointu ni trop rond; trop pointu, il accroche le papier et donne des traits qui manquent de pureté; trop rond, il produit des liaisons grossières.

Les cahiers à modèles lithographiés sont avantageux dans les classes. Ils mettent constamment sous les yeux des élèves des caractères bien exécutés, et dispensent l'Instituteur ou l'Institutrice de faire des modèles individuels, ce qui prend beaucoup trop de temps dans les écoles, au détriment des autres parties de l'enseignement. On fera donc bien d'exiger que les élèves se procurent une douzaine de cahiers avec modèles en tête. Ces cahiers étant remplis, avec le plus de propreté possible, l'élève en détache les modèles, qu'il réunit en carnet pour son usage. De cette manière, chaque élève se sera procuré, à peu de frais, une collection de modèles d'écriture, de genres divers, que, pour la variété, il pourra souvent échanger avec ses voisins.

Toutefois, le maître n'est pas entièrement dispensé d'écrire lui-même sous les yeux de son disciple. Pour le succès de ses leçons, il faut que, de temps en temps, il trace à son tour les caractères de l'élève, afin que celui-ci puisse voir la position du corps, les mouvements des doigts et les effets de la plume de son maître. Quand j'examine les cahiers d'une école, j'aime à y voir souvent les traces du passage de l'Instituteur.

SEPTIÈME ENTRETIEN

GRAMMAIRE FRANÇAISE

Le premier soin à prendre, Messieurs les Instituteurs et Mesdames les Institutrices, pour familiariser vos élèves avec l'usage de notre langue, est de leur interdire absolument, dans l'école, l'idiome ou patois du pays. Plusieurs d'entre vous prétendent qu'ils éprouvent beaucoup de difficultés à cela. Je crois cependant que la chose n'est pas aussi difficile qu'on le pense. Voici d'ailleurs un moyen qui m'a réussi et qui ne manquera pas d'efficacité chez vous :

Après avoir recommandé deux ou trois fois aux élèves de ne parler que le français entre eux et dans l'école, l'Instituteur ou l'Institutrice dont les recommandations ne sont pas écoutées, désigne sur le tableau noir une punition qui sera appliquée au premier transgresseur de l'ordre donné. Cette punition, qui peut être une page d'écriture exécutée pendant l'intervalle des classes, ou bien quelques-uns des temps de cette conjugaison : *Je parle patois, malgré la défense de mon maître,* sera supportée par le même élève tous les jours, jusqu'à ce qu'un de ses camarades, surpris comme lui, l'en décharge pour s'en charger. Au bout de quinze jours, ce système de répression, dans lequel l'élève devient un agent de surveillance très actif, aura produit d'étonnants effets, et l'usage du français passera à l'état d'habitude dans l'école. Il restera à rectifier, petit à petit, les formes vicieuses du langage de l'enfant.

Ce résultat obtenu, le maître profitera de la lecture pour faire de la grammaire française aux différentes divisions. On fera distinguer aux commençants les signes de ponctuation, les différentes sortes d'*e*, les divers accents, les voyelles, les consonnes et les syllabes.

Dans la division moyenne, l'attention des élèves sera attirée, tantôt sur la nature des différentes espèces de mots de la lecture, tantôt sur le genre et le nombre de ces mots, la formation du pluriel dans les noms, la formation du pluriel et du féminin dans les adjectifs, les modes, les personnes et les temps des verbes.

Dans sa lecture, la première division aura à faire connaître tout à la fois la nature, le genre, le nombre et le rôle, c'est-à-dire à faire l'analyse grammaticale du mot désigné. Cet exercice, fréquemment renouvelé par un ou deux élèves de chaque division, pendant la leçon de lecture, prépare admirablement les élèves à l'étude de la grammaire française, qu'on mettra ensuite entre leurs mains.

Les Instituteurs et les Institutrices s'attacheront surtout, dans les leçons de grammaire, à faire retenir et appliquer les principales règles, réservant les exceptions pour les élèves qui doivent prolonger leur séjour à l'école. Le verbe étant la partie du discours qui revient le plus souvent dans le langage écrit ou parlé, doit être l'objet d'une étude spéciale et approfondie. Donc, beaucoup d'analyses de verbes, sur le livre de lecture et mieux encore au tableau; beaucoup de conjugaisons, écrites ou récitées, jusqu'à ce que l'élève connaisse, à ne plus se tromper, la forme des conjugaisons, la signification des temps et des modes, l'orthographe des personnes.

Des dictées simples d'abord, plus difficiles ensuite, présenteront l'immédiate application des règles étudiées. De petits exercices de style, tels que lettres, résumés, récits, narrations, descriptions, fables mises en prose, formeront après cela nos plus forts élèves à la diction correcte de leur langue. Ces élèves devront être tous munis d'un bon Dictionnaire français, dont il importe de leur démontrer l'utilité.

L'habitude de faire faire de fréquentes dictées au tableau, de les corriger et d'en faire rendre compte devant toute la classe, contribue puissamment à l'acquisition de l'orthographe d'usage et de l'orthographe de règle, ainsi que de l'intelligence de la langue française. Le relevé de ces dictées par chaque élève des deux premières divisions est nécessaire pour graver la leçon et pour fournir à l'élève la possibilité de la repasser en particulier.

Les dictées faites sur cahier prennent beaucoup de temps au maître pour la correction. Il faut donc habituer nos élèves à faire, à tour de rôle, la correction par l'épellation à haute voix et en échangeant les cahiers. Mais, je le répète, employons souvent le tableau pour nos leçons de grammaire, comme nous devons l'employer souvent pour les exercices de calcul dont nous allons nous occuper.

CALCUL

Comme pour la grammaire, chaque division d'élèves doit avoir sa leçon de calcul. Il arrive quelquefois qu'un Instituteur, une Institutrice auxquels je demande à quoi ils occupent les commençants, me répondent : « Ces jeunes élèves ne font que de la lecture; c'est toute leur occupation. » Quelle opinion puis-je avoir d'un pareil chef d'école qui comprend si peu ses fonctions? Un commençant doit avoir, comme tout autre élève, par le maître ou par le moniteur, sa leçon de lecture, d'instruction religieuse, de calcul, même d'écriture (au moyen du tableau noir).

Les commençants sont d'abord exercés au calcul mental à l'aide du boulier-compteur. Ils apprennent d'abord à compter par un jusqu'à cent; puis par deux; puis par trois, etc. Ils apprennent ensuite, au tableau, à lire les nombres d'un seul chiffre, soit les dix chiffres ou caractères de l'arithmétique. Après cela, ils passent à la lecture des nombres de deux chiffres, puis à celle des nombres de trois chiffres. Lorsqu'ils sont habiles à ce dernier exercice, on les admet à la lecture des nombres entiers de plusieurs chiffres. Ici, les difficultés semblent se présenter; il n'en est rien cependant si le maître sait intéresser l'enfant par son enseignement familier. Je vous communique, si vous le voulez, un procédé à moi qui a toujours produit des résultats prompts et satisfaisants.

Il faut d'abord que nos jeunes élèves soient bien fixés sur les noms successifs des tranches ou unités ternaires des nombres. Pour y arriver bientôt, dites à vos élèves :

Voici un petit village composé de plusieurs maisons dont chacune a, comme dans notre hameau, son nom particulier. (Vous dessinez le village sur le tableau noir, comme ci-après).

Quintillion,	Quatrillion,	Trillion,	Billion,	Million,	Mille,	Unités.
0	000	000	000	000	000	000

Puis, continuant, vous dites : Dans chaque maison, il y a trois filles, excepté dans la dernière, à gauche, où une seule est vivante. Or, il arrive que, dans chacune de ces maisons, les filles aînées portent le même prénom; les secondes, le même prénom; les cadettes, le même prénom; par exemple : Cécile, Dorothée, Ursule. Notre village est donc ainsi peuplé :

Billion,		Million,			Mille,		
0		0	0	0	0	0	0
.. Ursule.		Cécile, Dorothée, Ursule.			Cécile, Dorothée, Ursule.		

Unités.		
0	0	0
Cécile, Dorothée, Ursule.		

Quel moyen faut-il employer pour ne pas confondre toutes ces Cécile, ces Dorothée, ces Ursule? Tous les élèves vous répondront que, pour les distinguer, il n'y a qu'à joindre au prénom le nom de la maison.

Appliquez-vous alors à leur faire retenir les noms successifs de chaque maison, le nom et le rang de chaque personne, lisant le village, tantôt de droite à gauche, tantôt de gauche à droite. Insistez sur cet exercice jusqu'à ce que les élèves, tournant le dos au tableau, ne se trompent plus, ni dans l'ordre des maisons, ni dans le rang des personnes. Il ne vous restera qu'à substituer aux zéros des chiffres significatifs, et à remplacer les prénoms de Cécile, Dorothée, Ursule, par les mots des mêmes initiales : Centaines, Dizaines, Unités. A coup sûr, votre leçon, toute enfantine, qui aura fixé l'attention de l'élève, sera très efficace, et la lecture des nombres sera acquise.

Ce sera le moment, après quelques exercices, d'indiquer à vos élèves cette règle : Pour lire un nombre entier quelconque, il faut le partager en tranches de trois chiffres, en commençant par la droite, et donner à chaque tranche le nom qui lui convient.

Les virgules de division se placeront au haut des tranches, afin de ne pas les confondre plus tard avec la virgule décimale.

Le maître passe ensuite à l'explication des nombres décimaux et dit : Le nombre entier est celui qui n'est composé que d'unités entières. (Exemples à l'appui.)

Le nombre décimal est celui qui est composé d'unités entières d'abord, puis de parties d'unités de dix en dix fois plus petites. (Divisez une feuille de papier en dix parties égales, et chacune de ces parties en dix autres, et faites comprendre ainsi les décimales.)

Dans un nombre décimal, la partie entière est séparée de la partie décimale par une virgule, dite *virgule décimale*. Cette virgule est le signe dont on est convenu pour la séparation des unités entières d'avec les décimales. Sa place est constamment à droite du chiffre des unités simples et, par conséquent, le chiffre des unités simples est constamment à gauche de la virgule décimale. (Écrivez un nombre décimal, déplacez plusieurs fois la virgule et faites reconnaître à chaque élève le chiffre des unités simples.)

Ouvrez un livre, pliez une de ses feuilles en dix parties égales. Un feuillet représentera l'unité; tous les feuillets ou le livre représenteront la partie entière du nombre; les parties du feuillet plié représenteront les dixièmes de feuillet ou d'unité. Pour représenter les centièmes, les millièmes, vous aurez recours à une bande isolée de papier égale à un dixième de feuillet, divisée en dix parties ou centièmes de feuillet; ainsi de suite pour les millièmes. — Variez cet exercice au moyen d'exemples frappants.

Lorsque vos élèves connaîtront la valeur des nombres décimaux et des décimales, il faudra leur apprendre le mouvement de virgule, si utile pour simplifier la multiplication par 10, par 100, par 1000, etc., et la division par les mêmes nombres.

Pour cela, remettez-leur en mémoire cette convention des hommes, savoir : *que la virgule règle la place des unités simples;* c'est-à-dire qu'en voyant la virgule on sait que le chiffre immédiatement à gauche exprime les unités simples, et qu'en connaissant les unités simples, on sait que la virgule (écrite ou idéale) est ou doit être immédiatement à droite. Ce principe étant établi, vous l'appliquerez à plusieurs exemples dans lesquels vous ferez remarquer que la virgule, se déplaçant, déplace les unités simples et fait changer le rang et la signification de tous les autres chiffres du nombre. Après, vous pourrez poser cette règle :

Pour multiplier un nombre (entier ou décimal) par

10, par 100, par 1000, etc., on fait faire à la virgule un pas, deux pas, trois pas à droite ; pour le diviser par 10, par 100, par 1000, etc., on fait faire les pas de la virgule à gauche.

Insistez sur cette leçon importante et, à l'avenir, ne souffrez jamais que les élèves fassent autrement les multiplications et les divisions par l'unité suivie d'un certain nombre de zéros.

Il ne faut pas seulement que nos élèves soient habiles à mouvoir la virgule sur le cahier ou sur le tableau ; il est très utile qu'ils s'habituent à faire par la pensée ce rapide mouvement.

ADDITION ET SOUSTRACTION

Écrivez un nombre de plusieurs chiffres au tableau ; par exemple : 57396048721698. Faites faire l'addition mentale des chiffres successifs de ce nombre : 5 et 7 font 12, et 3 — 15, et 9 — 24, etc.

Le total obtenu, faites en retrancher successivement, et par la pensée, tous les chiffres, à partir de la droite. Exemple : Du total 75 je retranche 8, reste 67 ; de ce reste je retranche 9 ; du nouveau reste je retranche 6, etc. Si le dernier reste est égal au premier chiffre à gauche, les opérations sont exactes.

Cet exercice, plusieurs fois renouvelé devant toutes les divisions, rendra vos élèves aptes à l'addition et à la soustraction. Lorsque l'addition et la soustraction ordinaires sont connues, apprenez à vos élèves à additionner et à retrancher les nombres sans les placer les uns sous les autres :

1er Ex. : 32 mètres + 118 m. + 1702 m. + 1225 m. = 2107 m.

2e Ex. : 12 fr. 25 c. + 172 fr. + 0 fr. 18 c. = 217 fr. 43 c.

Variez ces exercices, et faites de même pour la soustraction.

On sait que c'est ce mode prompt qui est généralement suivi dans les bureaux et dans le commerce. On sait aussi que la preuve simplifiée de la soustraction se fait en additionnant les deux plus bas nombres, de bas en haut, sans écrire de nouveaux chiffres.

MULTIPLICATION ET DIVISION

Ici je recommande de nouveau à Messieurs les Instituteurs et à Mesdames les Institutrices de faire un fréquent usage du mouvement de virgule pour les multiplications et les divisions par 10, par 100, par 1000, etc. Je leur recommande aussi de tenir la main à ce que leurs élèves sachent imperturbablement, et dans tous les sens, la table de multiplication.

Ils s'en assureront en portant au tableau un nombre de plusieurs chiffres, tel que, par exemple :

683140786527.

L'élève sera invité à donner immédiatement le produit de deux chiffres pris successivement ou au hasard, comme :

6 fois 8 = 48; 3 fois 1 = 3; 1 fois 0 = 0; 0 fois 7 = 0.

Pour la division d'un nombre quelconque par un seul chiffre, les élèves l'abrègeront en prenant, selon le cas, la moitié, le tiers, le quart, le cinquième, etc., du dividende sous lequel alors le quotient s'écrit. Exemple :

$$\begin{array}{r|l} 22614 & 3 \\ 7518 & \\ \end{array}$$

Si, au lieu de diviser par 3, j'avais divisé par 300, j'aurais fait marcher de deux pas vers la gauche la virgule idéale du dividende, puis j'aurais divisé par 3 comme ci-dessus. — Résultat : 75,48.

En exerçant les élèves à ces simplifications, on les leur rendra familières, et le calcul pratique gagnera en rapidité et en précision.

HUITIÈME ENTRETIEN

SYSTÈME MÉTRIQUE

Lorsque nos élèves sont formés à la pratique des quatre opérations fondamentales appliquées aux nombres entiers et aux nombres décimaux, et qu'ils se sont rendus habiles aux simplifications de ces opérations, nous devons les entretenir des unités du système métrique et légal, des rapports qui existent entre ces unités, et des applications qui en découlent.

Avec le *mètre*, qu'on trouve dans le mobilier de l'école, on a l'unité de longueur.

En formant avec la craie sur le tableau ou sur le plancher de l'école un carré d'un mètre de côté, on a l'unité de surface. En divisant ce carré en dix bandes égales, on a le dixième du mètre carré, ce qui nous permet de faire comprendre à l'élève la différence qui existe entre un décimètre de longueur et un dixième de mètre carré.

Le mètre carré formé, il sert de base pour faire connaître le mètre cube (unité des volumes) et pour l'expliquer. Nous prendrons encore l'occasion du mètre cube pour établir les différences qui existent entre le décimètre ou dixième de mètre de longueur, le dixième de mètre carré et le dixième de mètre cube.

(On pourra expliquer le mètre cube et ses subdivisions au moyen d'une caisse d'un mètre cube, qu'on supposera remplie de morceaux de savon qui auraient chacun la forme et le volume du décimètre cube.)

Je suppose qu'on ait expliqué avant ce qu'est une longueur, une surface, un corps ou volume.

Pour le rappeler, je dirai qu'une longueur est une grandeur ou ligne ou succession de points qui n'admet ni largeur ni épaisseur, comme la distance d'un point à un autre.

Une surface est une grandeur qui a longueur et largeur, comme le dessus d'une feuille de papier, d'une table, d'un mur.

Un corps ou volume est une grandeur qui a les trois dimensions (longueur, largeur, épaisseur), comme une planche, un tronc d'arbre, une pierre, etc.

Nous venons de considérer l'unité de longueur (le mètre de longueur), l'unité de surface (le mètre carré), l'unité de volume (le mètre cube). Ces unités ont un rapport direct avec l'unité fondamentale (le mètre de longueur). Il faut y joindre le *litre* (ou décimètre cube), unité spéciale des grains et des liquides, et le *stère* (ou mètre cube) pour les bois.

Il ne reste que l'unité des poids (ou le gramme) et l'unité des monnaies (ou le franc). Ici l'Instituteur fournira les explications préliminaires pour établir le rapport qu'il y a entre ces unités et le mètre.

Lorsque tout ce qui précède a passé dans l'esprit de nos élèves, il nous reste à leur apprendre que ces différentes unités sont essentiellement décimales, c'est-à-dire que leurs multiples sont de dix en dix fois plus grands, et leurs sous-multiples de dix en dix fois plus petits.

Pour le plus grand nombre de ces unités, au lieu de désigner les multiples par dix, cent, mille, dix mille, on les désigne par les mots équivalents tirés du grec : *déca, hecto, kilo, myria*. Pour les sous-multiples, au lieu de dire : dixième, centième, millième d'unité, on dit (par des mots latins) : *déci, centi, milli*, suivis du nom de l'unité dont il s'agit.

Ces leçons, plusieurs fois répétées et enfin retenues, seront suivies de nombreuses applications pratiques qui les graveront invariablement dans l'esprit de l'élève.

Il nous reste à voir comment s'écrivent et se lisent les décimales des carrés et des cubes. (Le maître fera des exercices dans ce but.)

FRACTIONS ORDINAIRES

La nature de nos écoles rurales et le peu de temps que les élèves y passent permettent rarement aux maîtres d'enseigner en détail la théorie des fractions ordinaires ; et cependant l'élève ne doit pas nous quitter sans être en état de se rendre compte d'une fraction ordinaire et de la traiter dans ses calculs.

Nous aurons donc à lui montrer la vraie signification des deux termes d'une fraction. (Pour cela, une pomme ou une feuille de papier divisée en parties égales rendra sensible notre démonstration.) (Nous aurons à lui faire connaître l'altération que subit la fraction quand un de ses termes ou ses deux termes augmentent ou diminuent par addition, par multiplication, par soustraction, par division.)

Cela connu, il ne sera pas difficile d'enseigner à l'élève que, pour convertir une fraction ordinaire en fraction décimale, il suffit de diviser le numérateur par le dénominateur. Ce moyen lui permettra toujours de calculer les fractions ordinaires, puisqu'il n'aura qu'à les réduire en fractions décimales. Il suppléera ainsi à l'ignorance ou à l'oubli de la pratique des opérations spéciales des fractions ordinaires.

Avant de passer aux règles de trois et d'intérêt, le maître s'appliquera à exercer ses élèves à la combinaison simple d'abord, puis plus compliquée, des quatre règles fondamentales. Il choisira de petits problèmes dans les actes ordinaires de la vie domestique, dans les petites opérations commerciales. Il les fera même choisir et composer aux élèves. Ces petits problèmes comprendront des nombres entiers et des nombres décimaux mélangés.

Les règles de trois doivent être enseignées par la méthode de la réduction à l'unité, dont le raisonnement est facile.

L'enseignement des règles d'intérêt, au taux de cinq pour cent, sera accompagné de cette remarque utile : que l'intérêt d'un capital au taux de 5 %, pendant une année, est égal au vingtième de ce ce capital.

Ex. : Si je cherche l'intérêt, pendant un an, de 147 fr. 50, j'ai, en prenant le dixième par la virgule, 14 fr. 75 ; je prends la moitié du dixième, moitié qui est le vingtième de 147 fr. 50, et j'ai, pour l'intérêt cherché, 7 fr. 375.

Quand on a l'intérêt d'une année, on le multiplie par le nombre d'années du placement, s'il y a lieu.

HISTOIRE ET GÉOGRAPHIE

L'histoire et la géographie de France font aujourd'hui partie du programme obligatoire de l'Instruction primaire.

Dans cet enseignement, voici comment je procéderais, en m'inspirant de nos besoins actuels et des prescriptions, à cet égard, de la circulaire du 20 août 1857.

Géographie. — Notions générales; études des points cardinaux. — Définition des mers, des lacs, des rivières des îles, des presqu'îles, des continents, des montagnes, des chaînes de montagnes, des bassins, etc. — Étude de la Mappemonde et des cinq parties du monde, d'une manière sommaire et toujours sur la carte. — Étude de la France en commençant par le village de l'élève, sa commune, son canton, son département. — Provinces et départements.

Les études géographiques devant toujours, pour être fructueuses, se faire sur la carte, les maîtres ne négligeront rien pour se procurer les cartes murales suivantes : Mappemonde (ou mieux sphère) ; cartes d'Europe, d'Asie, d'Afrique, d'Amérique et d'Océanie ; carte du département. Chaque élève fait à son tour, et à haute voix, l'étude de la leçon sur la carte; il indique les limites et les accidents de terrain des lieux étudiés. Le maître donne des explications précises sur les faits historiques, administratifs, industriels, agricoles qui se rattachent à ces lieux, et fait répéter ces explications aux élèves.

L'étude des départements devra occuper longtemps le maître et les élèves. On ne se donnera de relâche que lorsque seront connus tous les départements de la France, avec leur position réciproque, leurs chefs-lieux, leurs sous-préfectures. Tout élève doit connaître d'une manière particulière son département natal et se munir, autant que possible, d'un petit traité de géographie spécial à ce département.

L'histoire de France viendra ensuite. On s'attachera surtout à la division générale, aux règnes principaux et aux faits saillants de ces règnes.

COMPOSITIONS ET EXAMENS

L'Instituteur et l'Institutrice qui veulent entretenir l'émulation de leurs élèves, leur font faire, une fois par semaine, des compositions, tantôt sur une faculté, tantôt sur une autre.

Pour être bien fructueuses et tenir constamment en éveil l'application des élèves, les compositions ne doivent pas être annoncées d'avance, et l'élève doit ignorer si son travail est ou non destiné à une composition.

Le maître retire les copies, les corrige à part, et n'annonce que quatre ou cinq jours après, que tel travail de tel jour a fait la matière de la composition. Il donne les places et fait ses observations. Il conserve ces compositions pour les mettre sous les yeux de l'Inspecteur, qui pourra ainsi apprécier les travaux des élèves, même en leur absence.

Quant aux examens qui ne reviennent que tous les deux ou trois mois, il est bon d'en fixer d'avance les époques.

L'Instituteur attache aux succès de ces examens des récompenses particulières, telles que: mention spéciale au tableau d'honneur, port de médaille scolaire, lettre de félicitation aux familles, livres donnés en prix.

LEÇONS DE CHOSES

On appelle *leçons de choses* des explications simples sur une foule d'objets que les élèves connaissent, mais dont il faut leur expliquer la nature, l'usage, les provenances, ainsi que les industries qui s'y rattachent, etc. etc. Ces explications excitent l'attention des élèves, les intéressent et les préparent à des études plus sérieuses.

Les maîtres profiteront d'une foule d'occasions qui se présentent, pour donner à leurs élèves ces leçons de choses, qui seront d'autant plus fructueuses qu'elles seront plus goûtées. Les incidents en lecture et dans toute autre partie de l'enseignement, les observations en promenade, leur fourniront une multitude d'occasions de donner d'utiles leçons de choses.

Un musée scolaire, peu coûteux, facile à composer, sera d'un puissant secours pour les leçons de choses.

Un maître zélé et intelligent ne se contentera pas de doter son école de cette précieuse collection que chaque jour les élèves eux-mêmes s'empresseront d'enrichir.

Il organisera la caisse d'épargne scolaire où, sou à sou, les légères économies des enfants se transformeront

en Livrets de Caisses d'épargne publiques. Il se préoc-
cupera de l'établissement de la Caisse des Écoles qui
fournira à ses élèves indigents des ressources scolaires
par les dons généreux des particuliers, de la Commune, du Département, de l'État.

Enfin, il s'efforcera d'établir dans sa classe une Bibliothèque scolaire dont les avantages, aujourd'hui bien
reconnus, ne peuvent être contestés.

NEUVIÈME ENTRETIEN

MOYENS D'ÉDUCATION DANS LES ÉCOLES[1]

L'Instituteur et l'Institutrice n'ont pas seulement le devoir d'instruire leurs élèves; ils ont aussi, comme nous l'avons dit, celui de les élever, c'est-à-dire de former leur cœur et leur âme, de leur inspirer l'horreur du vice et l'amour de la vertu.

Cette éducation résulte d'abord de l'organisation tout entière de l'école, de l'esprit qui y règne, de l'ordre qu'on y établit, de la discipline qu'on y maintient. Elle résulte aussi de l'action du maître sur les élèves, action qui se produit à l'aide d'avis et de conseils, d'exhortations et de réprimandes, comme à l'aide d'instructions spéciales.

Un chef d'école doit donc s'efforcer de rendre ses élèves pieux, soumis, obéissants, respectueux, amis du travail et de l'ordre. Il doit s'efforcer de leur faire pratiquer la vertu, en observant les préceptes de la religion et de la morale, en conservant des habitudes d'économie, de tempérance et d'honnêteté au milieu de l'indifférence religieuse du siècle, au milieu du spectacle du luxe, de l'inconduite et de la cupidité.

1. Ces moyens sont extraits de l'excellent Traité de M. J.-J. Rapet.

A cet effet, voici les moyens dont il dispose :

Pour que l'école exerce sur l'enfant cette influence salutaire qui fait le succès de l'éducation, il faut que tous les éléments qui la constituent concourent à ce même but. Ces éléments sont :

L'école elle-même ;

Le maître ;

Les élèves ;

La discipline ;

L'enseignement ou l'instruction.

Voyons les moyens d'éducation qui existent dans chacun de ces éléments.

L'ÉCOLE

L'école concourt à l'éducation par son organisation matérielle, par l'ordre et la propreté qui y règnent par le travail et l'emploi du temps.

L'organisation matérielle consiste dans la disposition du local, dans la salubrité et l'étendue de la salle, dans les bonnes conditions de ventilation et de lumière, toutes choses qui contribuent à rendre efficace l'action du maître, et à faire aimer l'école aux élèves. Elle consiste aussi dans l'arrangement intérieur de la classe; dans le spectacle de l'ordre et de la propreté qui y règnent. A la vue de cet arrangement, les enfants s'habituent à mettre les choses à leur place et à les tenir dans un état constant de propreté.

Elle consiste encore dans le travail et l'emploi du temps. Il y a dans le travail un élément moral que personne ne saurait nier. Si l'oisiveté entretient l'oisiveté

et donne naissance aux vices, le travail développe,
l'amour du travail et engendre les vertus. Si donc les
choses sont tellement organisées dans l'école que les
enfants soient toujours occupés, ils ne prendront pas
des habitudes d'oisiveté qu'il serait si difficile de leur
faire perdre. — Le bon emploi du temps est lui-même
une précieuse ressource pour l'éducation des élèves.
Lorsque les leçons, les devoirs et l'étude sont combi-
nés de telle manière que les exercices se succèdent sans
interruption, l'élève se livre au travail sans fatigue,
comme sans répugnance; il y prend goût, l'aime et le
recherche, surtout si le maître a mis le travail à la
portée de son disciple par de précédentes explications,
simples et pleines d'intérêt. En donnant le travail et en
l'expliquant, procédons par exemples plutôt que par
définitions; conduisons nos élèves aux règles par l'étude
des faits; vivifions notre enseignement par une grande
variété d'exercices qui chassent la monotonie et em-
pêchent l'ennui. Il est certain qu'alors nos élèves prendront l'habitude et le goût du travail, et il est probable
que plus tard les exemples du monde seront impuis-
sants à les leur faire perdre.

LE MAITRE

Lorsque le maître est ce qu'il doit être, il exerce une
influence considérable sur l'éducation de ses élèves; de
même que le père de famille, quand il est honnête et
vertueux, exerce sur les sentiments et la conduite de
ses enfants une influence décisive.

Cette influence du maître s'obtient par la conduite et

la réputation qui en est la conséquence; par le caractère et les habitudes; par la manière d'être avec les élèves; par l'instruction et le savoir.

Si l'Instituteur est réellement ce qu'il doit être, toute sa personne est un exemple vivant. Sa conduite lui concilie l'estime et la considération du public. Sa parole et ses exemples ont une autorité qui commande le respect et dispose à l'obéissance. Il n'est pas pour ses élèves un homme ordinaire; il est, comme le père de famille, un être à part que l'élève ne compare à personne, et sur lequel il fixe ses regards et règle sa conduite. Si l'Instituteur sait se faire craindre et aimer à à la fois par ses élèves, il domine leur cœur d'un regard et approuve ou improuve leurs actes d'un geste.

Le maître qui a le sentiment de ses devoirs a dû acquérir, par cela seul, les qualités et les habitudes que le devoir exige; sa tâche est dès lors facile. Ce qu'il doit faire, il le fait spontanément et par une impulsion naturelle. Il ne dira pas : *Faites ce que je dis et non ce que je fais*; mais il dira, en langage muet: *Faites ce que je fais*. Tout ce qu'il prescrit ou défend à ses élèves il le fait ou s'en abstient le premier; sa parole est moins éloquente que son exemple. Ce maître aime ses élèves et désire leur être utile ; il trouve dans ses dispositions tout ce qu'il faut pour obtenir, par l'amour, ce qu'une autorité sèche et impérieuse n'obtient ni par la force, ni par la crainte.

LES ÉLÈVES

Les enfants eux-mêmes, qui sont l'objet de l'éducation, en deviennent les moyens, car leurs bons exemples la propagent. Les enfants sont naturellement imitateurs; mais s'ils imitent le mal, ils imitent aussi le bien, qui est aussi contagieux que le mal. Pour opposer de bonnes tendances aux mauvaises, tâchez d'avoir dans la classe, parmi les plus âgés et les plus instruits, des élèves toujours prêts à donner l'impulsion du bien, et les plus jeunes feront à leur tour ce qu'on attend d'eux. Ce sera une espèce d'entraînement causé par la contagion de l'exemple. Ces élèves plus instruits et plus âgés sauront retenir les turbulents, et encourager les timides, qui les regarderont comme des guides après vous, et comme des intermédiaires entre eux et vous.

LA DISCIPLINE

La discipline est un quatrième moyen d'éducation. Elle est basée sur l'exacte observation du règlement approuvé par l'autorité. Le meilleur règlement devient une lettre morte, si le maître en néglige les prescriptions; le plus insuffisant devient fécond en bons résultats, si le maître en maintient la force et la vie.

Il faut donc que la règle ne fasse pas seulement sentir son joug aux élèves, mais que le maître, en la faisant observer, y soit lui-même fidèle. Quand les élèves verront qu'elle pèse sur lui comme sur eux, et qu'il est le premier à s'y conformer scrupuleusement, il ne leur viendra pas à l'idée de s'y soustraire. Alors le maître aura le droit de se montrer ferme pour la stricte observation du règlement et de l'emploi du temps.

Mais la justice doit toujours présider au maintien de la discipline. En recourant aux punitions nécessaires, l'Instituteur ne cèdera jamais à l'humeur, à l'impatience, à la vengeance, à la colère. Il conservera son calme et sa dignité, proportionnera les punitions aux fautes, et fera la part de l'étourderie et de l'enfance.

Il se montrera impartial dans la manière d'appliquer les punitions et de distribuer les récompenses. Si les élèves reconnaissent que, dans des circonstances semblables, le maître punit les uns avec sévérité et les autres avec indulgence; que les punitions tombent sur les uns et les récompenses sur les autres, uniquement par préférence ou antipathie, ou pour des motifs tirés de la différence de position des familles, le nerf de la discipline est brisé, et un mauvais esprit s'empare de l'école.

La discipline ne peut exister, comme moyen d'éducation, dans une école, sans un bon esprit. Or, le bon esprit est un esprit de respect et d'amour.

Les élèves ne doivent pas seulement respecter le maître; ils doivent aussi respecter le lieu où ils reçoivent ses leçons et où ils acquièrent les qualités qui leur feront tenir honorablement leur place dans le monde. En respectant l'école, ils craindront nécessairement d'y troubler la discipline, d'y porter atteinte à l'ordre et à la propreté. Elle sera pour eux un sanctuaire qui participera un peu de la majesté du lieu saint, dont elle leur rappelle d'ailleurs si souvent le langage.

Le maître sera toujours respecté s'il réunit les conditions que nous avons indiquées. Le respect qui s'attache à sa personne donne à ses ordres ou à ses défenses une autorité que ne donnerait pas la crainte des châtiments. Et cependant la crainte ne doit pas faire défaut à l'école; la fermeté du maître doit être toujours là pour inspirer cette crainte salutaire. En respectant ainsi leur maître, les élèves apprennent à respecter leurs parents, les magistrats et les lois.

Mais à l'école, comme dans la famille, le respect doit s'allier à l'amour. Amour du maître pour les disciples et des disciples pour le maître; amour des élèves entre eux; amour de tous pour Dieu, de qui nous tenons tout. Pour inspirer cet amour à ses élèves, il faut que le maître les aime sincèrement, profondément lui-même, et qu'il ne se laisse jamais décourager par la légèreté et la faiblesse du jeune âge.

Les peines disciplinaires étant indiquées par le règlement, je n'ai pas à les reproduire ici. Je me borne à rappeler que le chef de l'école qui se respecte se garde bien d'user de châtiments corporels que les lois défendent et que nos mœurs réprouvent.

L'INSTRUCTION ET L'ENSEIGNEMENT

L'enseignement offre aux maîtres de nombreuses ressources pour l'éducation des élèves.

En faisant apprendre le Catéchisme et l'Évangile, il sera presque impossible de ne pas rattacher aux vérités et aux principes de la religion l'enseignement moral, qui en découle. A l'enseignement des vérités chrétiennes s'ajoute d'ailleurs l'étude de l'histoire Sainte. Or, quel enseignement est plus à la portée de l'enfant que celui qui se tire de la vie domestique des patriarches? Ce serait bien mal comprendre sa mission que de ne pas profiter des ressources précieuses que présente cette mine inépuisable. A chaque page de l'Ancien Testament, nous trouvons la morale en exemples. Et dans le Nouveau Testament, quelle morale plus appropriée au jeune âge que celle des paraboles et de la vie du Sauveur, qui, dans son amour pour les petits enfants et les humbles, disait : *Laissez venir à moi les petits enfants;* comme il disait : *Si vous ne devenez comme les petits enfants, vous n'entrerez pas dans le royaume des cieux.* Et encore : *Si quelqu'un scandalise un de ces petits qui croient en moi, il vaudrait mieux pour lui qu'on le jetât au fond de la mer.*

En lecture, qui ne sait tout le parti qu'on peut tirer, pour l'éducation, d'un bon choix de livres de lecture, et surtout des explications dont on doit accompagner chaque leçon ? Que d'occasions, dans les nombreux sujets qu'on fait passer sous les yeux des enfants, d'éveiller en eux de bons sentiments, de leur inspirer l'amour de tout ce qui élève l'âme, et l'horreur de ce qui la souille et la dégrade : de faire naître en eux le désir de marcher sur la trace des hommes de bien !

L'écriture vient en aide à l'éducation par le choix judicieux des modèles. Les maximes et les règles de conduite que contiennent ces modèles se gravent nécessairement dans l'esprit et dans le cœur des élèves qui les copient, si l'on a le soin de leur en révéler clairement le sens.

L'arithmétique, malgré le peu de rapport qu'elle semble avoir avec l'éducation, lui offrira son concours entre les mains d'un maître attentif à saisir tout ce qui peut porter ses élèves au bien et les détourner du mal. Outre que cette partie de l'enseignement exerce une heureuse influence sur l'esprit par les idées d'ordre et de méthode qu'elle lui communique, elle met en relief, par un bon choix de problèmes, les conséquences des mauvaises habitudes, de l'inconduite, des passions et des vices, et les excellents effets de l'économie, de l'ordre et de l'épargne.

Mais l'enseignement de la langue peut, plus que tout autre, devenir un instrument d'éducation. Tout en faisant l'examen des règles et des définitions de la grammaire, on peut faire une fructueuse étude de pensées, à l'aide d'exemples qui expriment des pensées morales, des idées utiles dont le retour vienne fréquemment perpétuer l'impression. Les idées et les sentiments de piété, de probité, de charité, de dévouement, d'ordre, de tempérance passeront ainsi peu à peu dans l'esprit et dans le cœur de nos élèves, et l'enseignement de notre langue cessera d'être uniquement une étude sèche de mots, de règles et de principes de grammaire.

L'histoire est un puissant auxiliaire d'éducation. En déroulant aux yeux de l'enfant les conséquences désastreuses qu'ont eues, dans tous les siècles, les vices et les passions des hommes, elle lui inspire un sentiment de répulsion pour ceux qui ont été les fléaux de l'humanité, et lui apprend à vénérer la mémoire de ceux qui, dans tous les rangs de la société, s'en sont montrés les bienfaiteurs. L'histoire est une leçon vivante de morale. L'Instituteur méconnaîtrait son devoir s'il la réduisait à une fastidieuse étude de dates et de noms propres.

La géographie ne doit pas non plus s'arrêter à une aride nomenclature de noms de pays, de villes, de montagnes, de rivières. En nous faisant connaître le monde, elle nous apprend à aimer Celui qui l'a créé; elle nous offre partout le spectacle de sa puissance et de sa bonté.

Le chant est, sans contredit, un des enseignements dont l'influence, en dehors de l'éco.. peut se faire sentir le plus heureusement et le plus longtemps. Il permet aux élèves de prendre une part active aux offices de l'Église; il ajoute à l'intérêt que ces offices ont pour les chrétiens, souvent même il suffit pour les y attirer.

Attachons-nous à meubler la mémoire et l'esprit de nos élèves de chants variés, d'un caractère agréable, gais, pleins d'entrain, mais toujours moraux, qui les dégoûteront de ces chants bas, grossiers, obscènes, que l'on regrette de trouver à chaque instant dans la bouche des ouvriers des villes et des campagnes.

CONCLUSION

On voit par ce qui précède, toutes les ressources que l'école offre à l'Instituteur et à l'Institutrice pour l'éducation de la jeunesse, lorsque toutes les parties de l'enseignement concourent au même but. La classe entière est ainsi entretenue dans une espèce d'atmosphère morale qui pénètre les élèves par tous les sens et par tous les pores. Mais ce langage, dira-t-on, lassera par sa monotonie. — C'est une erreur. La monotonie disparaît avec la succession des leçons et la variété des exercices. Le fond du langage et des occupations diffère chaque jour, l'esprit seul en est le même.

Mais, dira-t-on encore, le monde fera entendre un langage plus séduisant qui détruira tout l'effet du nôtre; alors, quel sera le résultat de tant d'efforts?

A cela nous répondrons : Si les mauvaises herbes envahissent le champ, c'est que le cultivateur n'a pas mis assez de zèle pour y jeter assez tôt la bonne semence et pour en protéger le développement.

Le cœur de l'enfant est un vase à remplir. Les mauvaises habitudes n'y pénètrent aisément que parce qu'elles trouvent la place libre. Hâtons-nous de remplir le vase les premiers; donnons de bonnes habitudes à l'enfant, et il n'en contractera pas si facilement de mauvaises; inculquons-lui les principes de vertu, et le vice ne trouvera plus un accès aussi aisé dans son cœur.

En terminant ces Entretiens avec vous, Messieurs les Instituteurs et Mesdames les Institutrices, je tiens à vous assurer que je n'ai pas eu la prétention de vous apprendre ce que vous savez, sans doute. Je n'ai voulu que vous remettre en mémoire les règles de vos écritures, vous faire part de la manière d'organiser une classe et d'en tirer le meilleur parti pour l'instruction et l'éducation des enfants. Lisez souvent ces instructions, qui laisseront chaque fois dans votre esprit quelque chose de bon, un conseil à suivre, un procédé à appliquer ou un mode à adopter. Je souhaite que mes efforts aient quelque utilité pour vous et pour vos chers élèves, qu'ils contribuent à alléger vos peines et à développer vos succès. Nous souhaitons tous aussi de trouver parmi vous cet esprit de corps, ces sentiments de bonne confraternité qui doivent exister entre les membres d'une même famille universitaire, collaborateurs d'une œuvre d'éducation et d'instruction éminemment chrétienne et sociale.

Recevez, Messieurs les Instituteurs et Mesdames les Institutrices, l'assurance de ma considération distinguée.

L'Inspecteur primaire,

MARITAN.

TABLE

FIN DE LA TABLE.

Paris. — Imp. E. Capiomont et V. Renault, rue des Poitevins, 6.